COLLECTION NOUVELLE DE LA FRANCE DRAMATIQUE

# LE FEU QUI REPREND MAL



Pièce en trois actes

par

JEAN-JACQUES BERNARD

N° 5

1922

Prix : 1 fr. 50

Supplément à LA REVUE HEBDOMADAIRE du 14 mai 1922

TROISIÈME ÉDITION

LIBRAIRIE STOCK

Delamain, Boutelleau et Cie, Éditeurs, PARIS

# LE FEU QUI REPREND MAL (*)

PIÈCE EN TROIS ACTES

PAR JEAN-JACQUES BERNARD



REPRÉSENTÉE POUR LA PREMIÈRE FOIS PAR LES « ESCHOLIERS », SUR LA SCÈNE DU THÉATRE ANTOINE, LE 9 JUIN 1921

| PERSONNAGES | ACTEURS | PERSONNAGES | ACTEURS |
|---|---|---|---|
| ANDRÉ MÉRIN.......... | MM. PIERRE RENOIR. | BLANCHE MÉRIN....... | Mlles FALCONETTI. |
| MÉRIN PÈRE............ | JEAN FLEUR. | JEANNE LIRON.......... | MARIA NIVE. |

Mise en scène de M. ARQUILLIÈRE

## ACTE PREMIER

Chez André Mérin, professeur dans une petite ville, en novembre 1918.

Logement simple et propre. A gauche, la fenêtre, entre une armoire et une petite bibliothèque. Au fond, la porte de l'antichambre et un buffet. A droite, une porte, une petite table, et, au premier plan, la cheminée. Vers le milieu de la pièce, une table ronde et des chaises. Devant la cheminée, un fauteuil et une chaise basse.

*Au lever du rideau, on voit sur la table les restes d'un repas. Blanche Mérin, la femme d'André, est seule, assise sur la chaise basse et penchée vers le feu. Elle demeure ainsi un instant, puis se lève et va vers la table. Elle se met à ranger la vaisselle sur un plateau. Mais soudain, elle s'arrête et rêve... On frappe à la porte. Elle tressaille et recommence précipitamment à ranger en criant :* Entrez ! *Entre Jeanne Liron, une voisine.*

JEANNE

On ne vous dérange pas?

BLANCHE, *un peu trop vivement.*

Non, non...

JEANNE, *s'asseyant.*

J'ai pensé que vous étiez seule et je suis venue vous tenir compagnie.

BLANCHE, *abandonnant sa vaisselle et venant s'asseoir, un peu lasse, auprès de Jeanne.*

C'est très gentil.

JEANNE

Ça fait tout de même un vide, le départ de ces Américains.

(*) *Tous droits réservés pour tous pays. Copyright 1921 by Jean-Jacques Bernard.*

BLANCHE

N'est-ce pas?

JEANNE

Je vois que vous avez fait un petit festin.

BLANCHE

Vous aussi, je suppose. On ne pouvait pas les laisser partir comme ça.

JEANNE

Oui, nous avons ouvert une bouteille de champagne, comme pour l'armistice. Ça fait deux dans la même semaine.

BLANCHE

Moi, je n'avais plus de champagne. J'ai soigné le déjeuner, simplement.

JEANNE

Je m'en rapporte à vous pour ça. Vous ne lui aviez pas donné l'habitude d'être négligé, à votre Américain.

BLANCHE, *troublée.*

Il fallait bien faire ce qu'on devait. Ces hommes-là sont venus de loin pour nous aider. Est-ce que ce n'était pas la moindre des choses, un bon accueil?

JEANNE

Pour sûr... Mais, tout de même, je me suis demandé bien des fois pourquoi on vous avait donné un homme à loger, à vous qui étiez seule. Est-ce qu'on en avait le droit?

BLANCHE

Monsieur le maire a tellement insisté. Vous pensez bien qu'autrement je n'aurais jamais voulu. Mais monsieur le maire m'a dit que, dans une petite ville comme la nôtre, une femme de professeur devait donner le bon exemple. André m'aurait certainement dit la même chose. C'est pour ça que j'ai accepté.

JEANNE

Enfin, est-ce que vous êtes bien sûre qu'André serait content s'il savait ce qui s'est passé?

BLANCHE, *se levant, toute pudique.*

Ce qui s'est passé... Je n'ai rien fait de mal, Jeanne.

(*Un peu nerveuse, elle achève de débarrasser la table.*)

JEANNE

Voyons! je le sais bien, ma petite Blanche, que vous n'avez rien fait de mal. Vous n'avez pas compris ce que je voulais dire! Je pensais seulement qu'André serait peut-être ennuyé de savoir qu'on a mis un homme seul à loger chez vous.

BLANCHE.

Mais vous avez l'air de supposer des choses extraordinaires.

JEANNE

Moi, rien du tout.

BLANCHE

Je vous assure que si...

JEANNE

Comment faut-il vous le dire?... Est-ce qu'il y a quelqu'un qui vous connaît mieux que moi, ici?

BLANCHE, *venant se rasseoir.*

Oh! vous, oui... Mais on est si mauvais. Ne croyez-vous pas que des gens ont pu s'imaginer que... enfin je ne sais quoi, avec cet Américain?

JEANNE

Puisque vous avez la conscience tranquille, ne vous occupez pas des racontars.

BLANCHE

Vous qui me connaissez, vous savez ce que j'ai dans le cœur! Est-ce qu'il me viendrait à l'idée de tromper un pauvre garçon qui est prisonnier depuis 1914? Ce serait abominable! Comment! j'aurais souffert jusqu'à cette année, et c'est au moment...

JEANNE

Où vous allez le revoir...

BLANCHE

Écoutez, non, ne me dites pas ça. Je n'ose pas l'espérer... S'il devait revenir, est-ce que je ne devrais pas déjà le savoir?

JEANNE

Quelle idée avez-vous donc? Nous sommes le 18. Il n'y a que sept jours que l'armistice est signé.

BLANCHE

Mais je n'ai pas de nouvelles depuis trois mois!

JEANNE

C'est ça qui vous tourmente? Vous n'êtes pas la seule, allez! Est-ce que vous n'êtes pas déjà restée plus longtemps sans lettre?

BLANCHE

Je suis bête, je le sais. Mais quand une mauvaise idée me trotte par la tête, je ne m'en débarrasse plus.

JEANNE

Il y a plus de vingt prisonniers de la commune. Aucun n'est revenu. Pourquoi voulez-vous qu'il soit justement arrivé quelque chose au vôtre?

BLANCHE, *secouant la tête.*

Ah! je ne sais pas... C'est ma nature.

(*Elle se lève.*)

JEANNE

Vous ne tenez pas en place.

BLANCHE

Il aurait bien fallu ranger tout cela.

JEANNE

Voulez-vous que je vous aide?

BLANCHE

Non, je n'ai pas le temps. Je vais porter la vaisselle à la cuisine. Le reste sera pour ce soir.

(*Tout en parlant, elle range la vaisselle sur le plateau.*)

JEANNE

Qu'avez-vous donc de si pressé?

BLANCHE

Rien... si... Je ferai un petit tour du côté de la gare, simplement.

JEANNE

Du côté... (*Mais Blanche est sortie avec le plateau. Jeanne, tout à coup, se frappe le front, et murmure :*) C'est vrai, les Américains prennent le train à trois heures.

(*Elle hoche la tête. Blanche rentre.*)

BLANCHE, *embarrassée.*

Vous comprenez... si je vais à la gare... c'est plus poli... n'est-ce pas? pour ces gens... Vous viendrez aussi, je pense... C'est tout près.

JEANNE

Ma petite Blanche, vous êtes une enfant. Je crois que vous avez le béguin pour cet officier américain.

BLANCHE, *effrayée.*

Qu'est-ce que vous dites là? Êtes-vous folle, Jeanne? Ne répétez jamais une chose pareille! Si, par malheur, ça revenait aux oreilles d'André...

JEANNE

Pour qui me prenez-vous? Je sais bien que vous êtes une femme exceptionnellement fidèle. Vous n'êtes pas capable de trahir André, même en pensée. Et c'est de là justement que vient votre trouble devant un sentiment très pur, simplement amical...

BLANCHE

Oui... oui... vous savez bien exprimer ce que je ressens... Pour cela, c'est un peu vous qui me remplacez André.

JEANNE

Ma foi! j'ai été institutrice avant mon mariage. Moi aussi, je sais parler aux enfants. Et puis, hélas! j'ai une expérience de la vie que vous n'avez pas.

BLANCHE

Pauvre Jeanne, je sais... Quand je pense que vous avez pu cacher à votre mari... Moi, mentir, ce serait au-dessus de mes forces.

JEANNE

Dieu merci! vous n'avez rien à cacher, vous!

BLANCHE

N'est-ce pas? Quel mal y a-t-il à avoir de l'amitié pour un homme? Cet officier était un excellent camarade, et voilà tout. Et puis intelligent! Enfin, vous l'avez connu...

JEANNE

Oui, c'était certainement un des mieux.

BLANCHE, *rêveuse.*

Écoutez, Jeanne...

JEANNE

Quoi?

BLANCHE

Si vous pouviez savoir ce qu'il m'a demandé avant de partir.

JEANNE

Je m'en doute un peu...

BLANCHE

Non, non... Je ne voulais d'abord pas vous le dire. Je ne voulais le dire à personne au monde. Mais cela me pèse... N'en parlez pas, je vous en conjure.

JEANNE

Soyez tranquille.

BLANCHE

J'ai beaucoup souffert pendant les quatre mois que cet homme a passés ici. J'avais de l'amitié pour lui... mais lui... il désirait qu'il y eût autre chose entre nous.

JEANNE

Je comprends.

BLANCHE

Vous voyez combien ma situation était difficile... (*Un silence.*) J'ai toujours mis par-dessus tout ma fidélité à mon pauvre André.

JEANNE

Vous n'avez pas besoin de me le dire.

BLANCHE

Dès qu'il me venait une pensée qui n'était pas absolument pure, l'image d'André s'interposait entre elle et moi... Que de fois j'ai cru voir ses bons yeux baissés sur les miens, comme jadis, quand il m'appelait « ma petite »!

JEANNE

Il vous regardait comme sa petite fille. Dix ans de différence, ça compte tout de même. Il ne vivait que pour vous.

BLANCHE

Oui. Vous le connaissez bien. Souvent je me suis dit que, là-bas, seul, pensant à moi, il devait avoir toujours, comme s'il pouvait me regarder, la même expression, mais plus triste... Ah! je vous assure que cela m'a beaucoup aidée à résister au mal! (*Elle reste un instant rêveuse.*) J'étais arrivée à tenir cet officier à une certaine distance... Il en avait pris son parti. Nous nous contentions d'être bons amis... Seulement...

JEANNE

Seulement?

BLANCHE

Eh bien!... Tout à l'heure, avant de partir, il a pris ma main. Il l'a gardée longuement contre ses lèvres et puis, les yeux pleins de larmes, il m'a dit...

*(Elle hésite.)*

JEANNE

Il vous a dit?

BLANCHE

« Je souffre de vous quitter. Je suis libre. Venez en Amérique avec moi... »

JEANNE

Par exemple!

BLANCHE, *rêve un moment et, soudain,*

Vous imaginez comme j'ai protesté. Abandonner André! Souffrir qu'il trouve son foyer vide en rentrant... Ah! est-ce que j'aurais pu me regarder dans une glace sans rougir?

JEANNE

Comment? Vous n'avez pas repoussé cette idée du premier coup?

BLANCHE

Mais c'est bien ce que je vous dis!

JEANNE

Alors pourquoi avoir perdu votre temps à vous demander ce qui serait arrivé si vous étiez partie?

BLANCHE

Je ne comprends pas bien.

JEANNE

Quand on s'est mis dans la tête de ne pas faire une chose, on n'y pense plus, et voilà tout. Mais si l'on se met à imaginer tout ce qui se serait passé si on l'avait faite, eh bien! c'est qu'on n'est peut-être pas sûr d'avoir raison.

BLANCHE

Pourquoi me dites-vous ça?

JEANNE

Pourquoi paraissez-vous regretter?...

BLANCHE, *vivement.*

Quoi donc, Jeanne?

JEANNE

D'avoir refusé ce que...

BLANCHE, *révoltée.*

Oh! Jeanne!... *(Elle lève la tête.)* J'aime André...

JEANNE, *après un silence.*

Il est bientôt trois heures... *(Blanche la regarde, incertaine.)* Vous tenez vraiment à aller là-bas?

BLANCHE

Allons-y ensemble.

JEANNE

Écoutez donc. Ne vous gênez pas. Moi, ça ne me dit rien. Puisque c'est en face, faites-y un saut, et je vous attendrai chez vous en tricotant.

BLANCHE, *prenant un chapeau et le mettant.*

Vrai, vous ne m'en voudrez pas?

JEANNE

Vous plaisantez.

*(On frappe très fort à la porte.)*

BLANCHE

Oh! malheur! si fort, c'est mon beau-père... Surtout, chut! hein?

JEANNE

Bien sûr.

*(Blanche ouvre la porte. Entre Mérin père, 75 ans.)*

MÉRIN PÈRE

Tu sortais?

BLANCHE

Une course... en face. Vous aviez quelque chose à me dire?

MÉRIN PÈRE

Non, va donc, je t'attendrai. Je ferai la cour à cette charmante personne, n'en déplaise au docteur Liron.

JEANNE

Mon mari n'est pas jaloux, monsieur Mérin.

BLANCHE

Je ne serai pas longue.

MÉRIN PÈRE, *au moment où Blanche va sortir.*

Et le fiston? Toujours rien?

BLANCHE, *s'arrêtant.*

Hélas! père, depuis trois mois, c'est la même question et la réponse ne change pas.

*(Elle demeure perplexe, regardant Mérin père, et ne sait plus, maintenant, si elle va sortir ou rester.)*

MÉRIN PÈRE

Dieu merci, on a de l'espoir à présent... *(Voyant qu'elle hésite.)* Va donc et reviens vite.

*(Il s'approche de Jeanne.)*

BLANCHE

Vous m'excusez?

*(Elle sort.)*

MÉRIN PÈRE

Je ne vais d'ailleurs pas attendre son retour, pas plus que je ne vous ferai la cour aujourd'hui, madame Liron.

JEANNE

Que se passe-t-il donc? Vous avez l'air étrange.

MÉRIN PÈRE

Ce qu'il se passe? Dans une heure, André sera peut-être ici.

JEANNE, *posant son ouvrage.*

Quoi! Vous avez des nouvelles?

MÉRIN PÈRE, *très agité.*

Ce n'est pas une certitude, et c'est pour cela que je n'ai rien dit à Blanche. Il ne faut pas lui donner une fausse joie. Je viens de voir le maire. On lui a téléphoné de la préfecture que quinze prisonniers d'ici sont arrivés et vont nous être amenés en camion. Mais il n'a pas les noms. Sont-ils bêtes à la préfecture ! Nous laisser dans cette incertitude ! Sur nos vingt prisonniers, il n'y en a que quinze qui reviennent aujourd'hui. André en est-il? André en est-il? Ah ! que je voudrais être plus vieux d'une heure.

JEANNE

Je comprends votre émotion. Vous me voyez moi-même toute bouleversée. Mais, en effet, il ne faut rien dire à Blanche avant d'être sûr.

MÉRIN PÈRE

Vous allez être bien gentille. Moi, je ne pourrais pas rester ici. Je ne tiendrais pas en place. Je me trahirais. Alors je vais m'en aller sur la route au-devant de ce camion. Je vais aller cueillir mon enfant sur la route. Non ! concevez-vous ça? Et vous, vous allez rester avec Blanche. C'est une bénédiction que vous soyez là. Vous l'empêcherez de sortir. Il ne faut pas qu'elle nous rencontre dehors sans être prévenue...

JEANNE

Mais ne croyez-vous pas qu'il faudrait la préparer, lui épargner une émotion trop forte?

MÉRIN PÈRE

C'est ça, c'est ça, faites pour le mieux... Dites, par exemple, qu'on a eu des nouvelles, mais très vagues... Vous saurez bien. Moi, je ne sais plus ce que je dis. Je suis une vieille bête. Voyez dans quel état je me mets. André ici ! André ici ! Est-ce possible?

JEANNE

Le fait est qu'on a du mal à le croire après si longtemps.

MÉRIN PÈRE

Pensez donc... Quand, à soixante et onze ans, j'ai repris du service au collège, qui m'aurait dit que je le remplacerais pendant quatre ans?... Mais aujourd'hui, c'est bien fini. On ne le remobilisera même plus. Il est trop âgé. Allez ! je vais lui repasser sa classe tout de suite... Non, non, soyez tranquille. Je le laisserai se reposer jusqu'à la fin du trimestre. Il a bien gagné ça, le pauvre gars...

JEANNE

Tel que je le connais, il ne voudra pas attendre.

MÉRIN PÈRE

C'est bien possible. Il est si scrupuleux et si bon qu'il en devient bête.

JEANNE

Je souhaiterais à tout le monde d'être bête de cette façon-là.

MÉRIN PÈRE

Un type épatant, n'est-ce pas, mon garçon?

JEANNE, *prêtant l'oreille.*

Chut ! Prenez garde !

MÉRIN PÈRE

Blanche, déjà ! Je vais filer...

*(Il va vers le fond. Entre Blanche. Elle paraît troublée.)*

BLANCHE

Vous... Vous partez?

MÉRIN PÈRE, *vivement.*

Je reviendrai ce soir. J'ai une course pressée. Un... un colis que je dois prendre. Un bon colis. S'il est arrivé, je t'en ferai part et on se régalera ensemble. Au revoir.

*(Il sort.)*

BLANCHE, *surprise.*

Est-ce qu'il serait fâché?

JEANNE

Mais non, mais non... Vous n'avez pas été longue.

BLANCHE, *enlevant son chapeau d'un geste las.*

Il y avait trop de monde ; ça m'a gênée. Je lui ai serré la main, très vite, et je me suis sauvée.

JEANNE

Oh ! Écoutez, ça vaut beaucoup mieux.

*(Un silence.)*

BLANCHE

Mais que va-t-il penser?

JEANNE

Eh ! rien du tout. Vous avez très bien fait de ne pas vous attarder...

BLANCHE, *songeuse.*

Ce n'était pas possible, ce qu'il me demandait...

JEANNE

Ne pensez donc plus à cela.

BLANCHE

Ah ! oui, je ne sais plus ce que je dis. *(Elle regarde autour d'elle.)* Il est parti... Eh bien ! cela vaut mieux... Maintenant, je serai plus près d'André... Rien ne m'empêchera de le retrouver chaque jour dans chacun de ces objets qui l'attendent avec moi.

JEANNE

Oui, le pauvre garçon a assez souffert. Ce n'est pas au moment où il va revenir que vous pouvez avoir autre chose en tête.

*(Un silence.)*

BLANCHE

Et s'il ne revenait pas...

JEANNE

André reviendra, cela ne fait pas de doute.

BLANCHE

Qui sait?... Moi, je finis par ne plus croire cela possible.

JEANNE

Et c'est bien pour cela que vous êtes malheureuse. Mais soyez tranquille, il reviendra.

BLANCHE

Pourquoi me dites-vous cela? Est-ce bien charitable?

JEANNE

J'ai tellement confiance!

BLANCHE

Savez-vous quelque chose?

*(Elle la regarde.)*

JEANNE, *après une hésitation.*

...Non.

BLANCHE

Si, Jeanne, je le vois bien. *(Brusquement.)* Mon beau-père n'a pas l'habitude de venir sans prétexte au milieu de l'après-midi... Et pourquoi était-il si pressé en repartant? Vous-même, vous n'êtes plus pareille depuis que vous l'avez vu... Que se passe-t-il, Jeanne? Dites-le-moi, Jeanne.

JEANNE

Soyez donc calme... Il ne s'agit pas spécialement d'André. Votre beau-père a simplement appris que les prisonniers de la région commençaient à revenir.

BLANCHE.

Par qui? Où? Quand?

JEANNE

Par le maire. Mais c'est tout, c'est absolument tout. Pourquoi ne vous le dirait-on pas, si André était là? Vous pensez bien que monsieur Mérin n'aurait pas pu vous le cacher. Vous le connaissez.

BLANCHE, *hors d'elle.*

On a peur de me donner une émotion. Mais je ne suis pas une enfant. Dites-moi où il est allé. Je ne peux pas rester ici quand André est peut-être sur la route.

JEANNE

Qu'allez-vous tout de suite supposer? Votre beau-père est allé à la mairie; il reviendra avec des précisions.

BLANCHE

Mais c'est au-devant d'André qu'il faut aller.

JEANNE

Au-devant de lui? Mais savez-vous seulement par où il arrivera? Et, quand il reviendra, n'accourra-t-il pas directement ici?

BLANCHE, *hésitant, puis s'asseyant.*

Oui, il faut qu'il me trouve chez nous. *(Elle regarde autour d'elle.)* Dieu! comme tout est en désordre ici! *(Elle se lève et range.)* Que penserait-il s'il arrivait maintenant? *(Nerveuse, exaltée.)* André! André! Ah! est-ce que quelque chose d'autre existe à présent? André! Il me semble que c'est hier qu'il est parti. *(Se rasseyant.)* Voyez-vous, Jeanne, j'étais trop malheureuse de son absence. Maintenant qu'il va revenir, je comprends bien que toutes mes incertitudes venaient de là. Nous ne sommes pas faites pour des séparations aussi cruelles. Il ne faut pas jeter la pierre aux pauvres femmes qui finissent par ne plus voir clair. C'est une misère terrible. Ni notre intelligence, ni nos sens ne peuvent la supporter. Si on pouvait mourir encore! Mais cela n'est pas donné à tout le monde... André va revenir, et j'ai déjà l'impression qu'il n'est jamais parti. Comme on oublie vite les plus atroces souffrances! C'est certainement pour cela que nous en supportons d'autres et toujours d'autres.

JEANNE

Ma pauvre petite, ne vous montez pas si vite. Il ne faudrait pas que vous ayez une déception. André n'est pas encore là.

BLANCHE

Mais il va être là. Je le sais. Je le sens. Ah! vous ne pouvez pas savoir ce que c'est; avoir été seule pendant quatre ans et apercevoir tout à coup la fin du calvaire. C'est tellement bon! C'est trop bon, Jeanne. Croyez-vous vraiment qu'on puisse supporter une telle joie?

JEANNE

De grâce, calmez-vous, Blanche, vous m'effrayez...

BLANCHE, *prêtant l'oreille.*

Taisez-vous!

*(Elle se lève brusquement. La porte s'ouvre. Entre Mérin père. Il reste devant la porte sans la refermer. Blanche le regarde fixement, toute droite.)*

MÉRIN PÈRE, *avec hésitation, gêné d'être regardé ainsi, la voix embarrassée.*

Eh bien!... ce colis... tu sais... Blanche... ce colis... Il est arrivé.

BLANCHE, *dans un cri.*

André!

*(Alors, par la porte restée ouverte, se précipite un homme habillé de vieux vêtements disparates, couvert de boue, les cheveux et la barbe en désordre. Blanche, qui a fait un pas en avant, tombe dans ses bras. Il la presse contre lui. Cependant, Mérin père fait un signe à Jeanne,*

*et tous deux disparaissent en fermant la porte. André et Blanche restent seuls, longuement enlacés. Blanche sanglote éperdument.)*

ANDRÉ, *se dégageant et prenant la tête de Blanche à deux mains.*

Toi !

BLANCHE, *encore en larmes.*

Mon petit !

ANDRÉ

Est-ce possible?

BLANCHE

Tu es là !...

ANDRÉ

Quatre ans !

*(Ils se regardent et puis elle se dégage et l'attire à l'avant-scène.)*

BLANCHE

Assieds-toi !

ANDRÉ

Tu ne m'attendais pas, alors?

BLANCHE.

Non... Oui... Ton père ne m'avait rien dit. Je t'attendais tout de même.

ANDRÉ

Blanche chérie, est-ce toi? Est-ce croyable?

BLANCHE

Mais dans quel état tu es ! Ne veux-tu pas te changer, manger?

ANDRÉ

Je veux d'abord te voir. Je suis sale. Ne fais pas attention. On m'a donné du linge hier soir. Mais ce sont les vêtements avec lesquels je suis parti. C'est affreux. Ne regarde pas.

BLANCHE

Je t'aime tout de même ainsi !

ANDRÉ

J'ai vieilli.

BLANCHE

Oui... Non, tu n'as pas vieilli.

ANDRÉ

Toi, tu n'as pas changé, presque pas.

BLANCHE

J'ai bien souffert.

ANDRÉ

Pauvre petite !

BLANCHE

Mais quand es-tu parti?

ANDRÉ

Le lendemain de l'armistice. On a ouvert les portes du camp. Nous étions libres. Nous sommes allés à pied jusqu'à Metz.

BLANCHE

A pied ! Jusqu'à Metz !

ANDRÉ

A pied, oui. Mais ça ne nous a pas semblé dur. On ne s'arrêtait pas. On marchait la nuit. Nous allions sans ordre, par petits groupes égrenés le long de la route, dans tous les costumes, avec des casques, des képis, des casquettes ou nu-tête. Il y avait des gens de tous les pays. On entendait toutes les langues. Et nous croisions les troupes qui montaient vers l'Allemagne et qui nous regardaient comme des bêtes sympathiques. De Metz, on nous a envoyés à Nancy et de Nancy à l'intérieur. J'ai fait tout le trajet avec Mercier et Grandon. Tu sais, Grandon, que je ne pouvais pas sentir, eh bien ! nous avons été faits prisonniers ensemble et nous avons vécu comme deux frères. C'est drôle, hein !

BLANCHE

Je ne peux pas croire que tu sois vraiment là... Que de fois j'ai rêvé de ce moment ! Et il est arrivé. Est-ce vrai? Est-ce vrai?

ANDRÉ

Nous sortons du cauchemar. Ah ! comme tu as dû souffrir !

BLANCHE

J'ai des milliers de choses à te dire...

ANDRÉ

Dis.

BLANCHE

Je... Des tas de choses... je... Je ne sais plus... Toi, dis-moi, c'est le plus pressé...

ANDRÉ

Pas aujourd'hui... C'est trop long. Je pourrais te parler pendant des journées de notre vie là-bas. Mais, maintenant, je veux être tout à toi, n'avoir d'yeux que pour toi, pour notre bonheur, pour notre maison.

BLANCHE

Tu vas trouver bien des changements autour de nous...

ANDRÉ

Le gros Lubin ne reviendra pas. Il est mort au camp. Ç'a été bien triste.

BLANCHE

Sa femme ne le sait pas. C'est affreux ! Dieu ! quand je pense que... Ah ! je te dirai quels moments j'ai passés... Et si peu de nouvelles. Rien depuis trois mois.

ANDRÉ

On n'écrivait pas comme on voulait. C'était bien dur les derniers temps.

BLANCHE

Nous n'en pouvions plus. Je ne sais pas comment j'ai résisté.

ANDRÉ

Ce pauvre Lubin ! Il en est mort beaucoup, comme lui, depuis quelques semaines.

BLANCHE

Le plus dur, ç'a été le début de la guerre, et puis la fin.

ANDRÉ

Ce n'est pas étonnant. Nous étions privés et presque tout. Il fallait une santé pour supporter cela !

BLANCHE

On n'avait jamais été aussi triste que cette année.

ANDRÉ

C'est comme nous. Nous avions fini par nous laisser aller.

BLANCHE

Des deuils dans toutes les familles, tu comprends.

ANDRÉ

Au début, nous organisions des petites fêtes, des jeux.

BLANCHE

On n'avait plus de goût à rien.

ANDRÉ, *en écho.*

On n'avait plus de goût à rien. Nous nous laissions vivre, ou plutôt mourir.

BLANCHE, *en écho.*

Mourir, c'est ça. On se laissait mourir.

*(Ils restent un moment silencieux. Blanche est appuyée contre André assis. Ils se tiennent la main, mais chacun suit sa pensée et leurs yeux sont baissés vers le sol de côtés différents. Et puis André tourne la tête vers elle ; elle le regarde; et tout à coup, comme s'ils se redécouvraient, ils s'étreignent.)*

ANDRÉ

Mais nous avons toute notre vie pour nous raconter cela !

BLANCHE

Moi qui te laisse bavarder quand tu dois avoir faim.

ANDRÉ, *la retenant et la caressant doucement.*

Chérie, le plus urgent, c'était de te revoir... de te retrouver.

BLANCHE

M'as-tu bien retrouvée, au moins?... Suis-je bien la Blanche à qui tu pensais là-bas, à qui tu écrivais de si belles lettres?

ANDRÉ

Et qui m'en écrivait de si tendres. *(La regardant.)* Oui... tu lui ressembles beaucoup... En te regardant, je commence à reconnaître ton écriture.

BLANCHE, *souriant.*

Que cette Blanche-là va me faire de tort, si je n'y prends garde ! Je tâcherai d'être digne d'elle...

ANDRÉ

Et moi?

BLANCHE

Toi?... *(Elle le regarde. Elle prend sa tête à deux mains, arrange un peu ses cheveux, sa barbe, et soudain se blottit contre lui.)* Sois tranquille... C'est bien toi...

*(Elle fond en larmes.)*

ANDRÉ

Blanche, voyons, le passé est déjà loin. Je suis là.

BLANCHE, *se dégageant.*

C'est bête. Mais j'ai tant souffert... Tiens ! oublions tout cela... Imagine que tu as cinq ans de moins. Ta classe est finie et tu rentres à la maison. *(Elle ouvre la porte d'un placard et en sort un veston.)* Je t'apporte ton veston de chambre.

ANDRÉ

Oh ! oh !... ce veston... *(Il le prend à deux mains et, très ému, le serre contre sa poitrine.)* Ingrat, je l'avais presque oublié. Ce qu'on peut retrouver de choses dans un vieux morceau d'étoffe ! Toutes les soirées avec toi qu'il me rappelle, ce veston ! *(Il enlève sa veste et met le veston à la place. Il s'approche d'une glace.)* Lui, au moins, n'a pas changé. C'est dommage que je ne puisse remettre aussi ma tête d'autrefois... Oh ! mais, en me coiffant bien et en taillant cette barbe affreuse, j'arriverai à me rendre à peu près digne de lui.

BLANCHE, *souriant.*

Et tes pantoufles...

ANDRÉ

Quoi ! Elles existent encore... *(Il les prend.)* Mes pantoufles... Mais c'est pour des pieds d'aristocrate. Est-ce que je vais pouvoir entrer là-dedans? *(Il s'assied et se déchausse.)* Qu'est-ce qu'elles doivent penser de me voir revenir dans cet état? *(Il se lève et fait quelques pas.)* Il me semble que j'apprends à danser.

BLANCHE

Maintenant, tu vas manger. Tu dois avoir bien faim.

ANDRÉ

Un peu, j'avoue.

BLANCHE, *sortant de la vaisselle du buffet.*

J'ai de la viande froide, du fromage...

ANDRÉ, *regardant son veston, ses boutons, ses manches, ses pantoufles.*

Maintenant, j'ai l'impression que je reviens

de plus en plus. *(Il regarde ses mains et fait un pas.)* Mais je vais...

BLANCHE

Qu'est-ce que tu veux?

ANDRÉ

Me laver les mains.

BLANCHE

Ne bouge pas.

*(Elle sort.)*

ANDRÉ, *souriant.*

Quel luxe!

*(Blanche rentre avec une cuvette qu'elle pose sur la petite table.)*

BLANCHE

Voilà!

ANDRÉ

Oh! cette cuvette...

BLANCHE

N'est-ce pas?

ANDRÉ

Dire qu'elle aurait pu être cassée... C'est bon de laver ses mains là-dedans. Elles sont enfin chez elles, mes mains.

*(Il les laisse dans la cuvette longuement, complaisamment.)*

BLANCHE, *lui tendant une serviette.*

... Pour t'essuyer.

ANDRÉ, *prenant la serviette.*

Du linge à mes initiales! Ça me gêne un peu. Ce que nous en avions, des choses... Nous étions des gens heureux, décidément.

BLANCHE, *qui achève de mettre le couvert.*

Nous sommes...

ANDRÉ

Oui, c'est vrai, chérie... Mais c'est difficile de se réhabituer tout à fait à être heureux.

BLANCHE

Tiens! c'est prêt. Je veux que tu manges bien. Auras-tu assez?

ANDRÉ

C'est merveilleux.

BLANCHE

Et pour finir tu auras une omelette.

ANDRÉ, *allant vers le buffet.*

Par exemple, je ne veux pas être chic à moitié. Une serviette!

BLANCHE

Pardon, je n'y pensais pas.

*(Elle va vers la porte.)*

ANDRÉ, *qui a ouvert un tiroir du buffet.*

Tiens! que c'est drôle!

BLANCHE

Quoi!

ANDRÉ

Ma serviette... Ma serviette qui est restée à côté de la tienne!

*(Il sort les deux serviettes.)*

BLANCHE, *vivement.*

Non, non, laisse donc ces serviettes sales... Ce n'est pas à toi, tu penses bien...

ANDRÉ

Mais...

BLANCHE

Je te raconterai. J'ai dû loger un Américain... Allons! mets-toi à table.

*(Elle sort rapidement.)*

ANDRÉ, *s'approche machinalement de la table, s'assied, prend une fourchette, la repose et, tout à coup, redresse la tête, se lève et, songeur, troublé, murmure :*

Un Américain...

RIDEAU

---

# ACTE DEUXIÈME

**Même décor. — Quelques semaines plus tard.**

*André est assis devant la cheminée, sur le fauteuil, et fume la pipe en regardant le feu. Blanche travaille près de la table.*

ANDRÉ, *après un silence.*

Quelle heure est-il?

BLANCHE

Une heure et demie... Tu me l'as déjà demandé il y a cinq minutes. Tu t'ennuies donc?

ANDRÉ

Non. Dieu merci, c'est jeudi et je puis rester. M'enfermer trois heures au collège ne me réjouit plus.

BLANCHE

Si je pouvais y aller à ta place.

ANDRÉ

Je ne me reconnais guère. Vraiment, je n'ai plus le feu sacré. Je l'avais beaucoup plus, en imagination, au camp de Darmstadt. L'idée de faire la classe me faisait pleurer de joie! Eh bien! non seulement ça ne m'intéresse plus, mais ça me fatigue.

BLANCHE

Tu es encore déprimé. Tu aurais dû te reposer au moins un an.

ANDRÉ

Ce n'était pas possible. D'ailleurs, qu'aurais-je fait? Ça ou autre chose, ça m'est égal. Oh! tu penses bien que ce n'est pas en quelques semaines qu'on peut se réadapter complètement à sa vie. Il me semble être un convalescent qui n'est pas encore très sûr de ses pas.

BLANCHE, *qui s'est approchée.*

Ne parle donc pas ainsi. Dis-toi plutôt que tu es près de moi. Songe à l'an passé. En avons-nous perdu de ces jeudis et de ces dimanches! Il faut nous rattraper... Que penserais-tu, un dimanche, d'une promenade dans la forêt?

ANDRÉ

Si tu veux.

BLANCHE

Ça aussi, ça te fatigue?

ANDRÉ

Non.

BLANCHE

Jadis, c'était toi qui me proposais ces petites fêtes, pour me faire plaisir.

ANDRÉ, *brusquement.*

Eh bien! c'est une idée, tiens! Le premier dimanche de beau temps, nous irons nous promener tous les deux seuls, comme autrefois. *(Il lui prend la main.)* Ce sera très bon.

BLANCHE, *la voix étranglée.*

Oui, André...

ANDRÉ

Comme tu es émue!

*(Il lâche sa main lentement.)*

BLANCHE

Je suis heureuse de ce que tu viens de dire.

ANDRÉ, *qui semble faire un effort pour dissimuler un trouble.*

Qu'ils ont dû être tristes, ces longs dimanches, quand je n'étais pas là!

BLANCHE

N'en parlons plus. C'est le passé...

ANDRÉ

Tu as bien souffert... *(Suppliant.)* Tu as bien souffert?

BLANCHE

Tu étais loin.

ANDRÉ

Mais que faisais-tu le dimanche? Tu ne restais pas toujours à la maison?

BLANCHE

Quand il faisait très beau, j'allais dans la campagne avec Jeanne, avec ton père...

ANDRÉ, *après une hésitation.*

...Et quelquefois... les derniers temps... avec l'officier américain. *(Vivement.)* Je ne te reproche rien, c'est toi qui me l'as dit.

BLANCHE

Pourquoi reviens-tu encore là-dessus? Enfin cela ne valait-il pas mieux que de rester ici avec lui? Ai-je eu tort? Cela se faisait partout...

ANDRÉ

Évidemment, si cela se faisait partout...

*(Un silence.)*

BLANCHE

C'était assez pénible. Mais pouvais-je agir autrement? Ah! comme j'ai été ennuyée! Tu comprends, en ton absence, voir des hommes dans notre maison...

ANDRÉ

« Des » hommes...

BLANCHE

Enfin je veux dire un homme : cet officier. C'est bien parce que le maire a insisté que j'ai accepté. Je n'avais jamais eu personne. Il m'a expliqué que je devais l'exemple... J'ai pensé que tu m'approuverais...

ANDRÉ, *un peu nerveux.*

Mais tu m'as déjà dit tout cela...

BLANCHE

C'est toi qui m'obliges à te le répéter.

ANDRÉ *ne répond pas, regarde autour de lui et puis, à mi-voix, comme à lui-même.*

Il prenait ses repas ici... Il avait la petite chambre bleue...

BLANCHE

Naturellement, il n'y en avait pas d'autre. Pour ses repas, il ne les prenait pas tous chez moi, tu le sais bien.

ANDRÉ

Tu aurais pu loger encore quelqu'un dans ce coin, avec un lit pliant.

BLANCHE

Tu ne me vois pas avec un homme dans cette pièce.

ANDRÉ

C'est vrai. *(Un silence.)* Dis-moi, est-ce que mon père dînait souvent ici avec cet Américain?

BLANCHE

De temps en temps. Mais il était bien occupé avec les siens. Tu sais qu'il en avait trois chez lui. Ça l'a même bien distrait, le pauvre homme.

ANDRÉ

Ça l'a distrait...

BLANCHE

On se changeait les idées comme on pouvait.

ANDRÉ

Ah! oui... Moi aussi, là-bas... Tous!... Toi aussi!...

BLANCHE, *agacée.*

Me diras-tu enfin ce que tu t'imagines? Depuis que nous avons parlé de ces promenades du dimanche, te voilà de nouveau nerveux.

Eh bien! oui, j'ai dû sortir quelquefois avec cet officier. Et après? Ne me connais-tu pas? Je n'ai vécu que pour toi.

ANDRÉ, *penaud.*

Tais-toi, je le sais!

BLANCHE

Non. Tu te ronges. Tu souffres plus qu'un homme dont les soupçons seraient fondés.

ANDRÉ

Ils ne le sont pas, ils ne le sont pas...

BLANCHE

Ah! tu vois, tu en as!

ANDRÉ

Non, non, Blanche...

BLANCHE

Depuis un mois, ce sont des questions insidieuses, des réflexions à double entente. Notre vie deviendra intolérable, si tu continues. Qu'as-tu à me reprocher?

ANDRÉ, *détournant la tête.*

Mais rien... rien.

BLANCHE, *s'accrochant à lui et cherchant son regard.*

Alors, regarde-moi, André. Mes yeux te laissent pénétrer jusqu'au fond de moi et je ne rougis pas. Vois si mes yeux mentent...

ANDRÉ, *penché sur elle.*

Non, ce regard ne ment pas... *(Il la regarde fixement. Et tout à coup.)* Pourquoi rougis-tu?... Pourquoi détournes-tu la tête?

BLANCHE, *se dégageant.*

C'est toi qui me gênes. Il passe dans tes yeux des pensées affreuses.

ANDRÉ, *dur.*

Va, tu n'as pu voir dans mes yeux que ce qui était en toi.

*(Il s'écarte.)*

BLANCHE, *en larmes.*

A quoi bon te répondre encore? Je ne sais plus te convaincre.

*(Elle s'enfuit par le fond. André se laisse tomber sur une chaise.)*

ANDRÉ, *accablé, après un silence.*

Oh! la croire!... Me défendre contre tout ce qui parle de lui, ici... Oh! ces meubles... ces murs... ces portes qu'il a touchées... ces chaises où il s'est assis!... Et je veux la croire, pourtant...

*(On frappe à la porte du fond. Il se lève vivement. Entre Mérin père.)*

MÉRIN PÈRE

Tu ne devineras jamais où s'en va ta femme.

ANDRÉ, *inquiet.*

Non, non, dis vite. Qu'est-ce qui se passe?

MÉRIN PÈRE

Elle va à l'église.

ANDRÉ

Ah! bon!

MÉRIN PÈRE

C'est tout ce que ça te fait?

ANDRÉ

Tiens! oui, pourquoi va-t-elle à l'église?

MÉRIN PÈRE

C'est aussi ce que je me suis demandé, car ce n'est guère dans ses habitudes. J'étais venu jusqu'à ta porte avec les petites Larive et nous nous sommes cognés à elle au moment où elle sortait. Fernande Larive lui a dit : « Venez avec nous à l'église. Monsieur le curé fait un sermon. » J'ai cru qu'elle allait rire. Non; elle a répondu : « Tiens! c'est une idée. » Et, sans me dire bonjour, sans même me regarder, — je me demande encore si elle m'a vu, — elle est partie devant les autres, tête nue, rapidement, comme si elle venait de découvrir que de s'en aller au sermon, c'était une chose tout à fait merveilleuse.

ANDRÉ

Oui... curieux...

MÉRIN PÈRE

Tu n'as pas l'air frappé. Vois-tu notre petite Blanche tombant dans la bigoterie? Elle ne serait pas la première depuis la guerre, mais ce qui m'étonne, c'est qu'elle ait attendu ton retour pour ça.

ANDRÉ

Que veux-tu!

MÉRIN PÈRE

Enfin, ça te regarde. Je te préviens. Ta mère m'a bien tourmenté avec ses prières et ses curés. Je pensais que Blanche avait plus d'indépendance.

ANDRÉ

Oui, bien malin qui peut se flatter de connaître une femme.

*(Il s'écarte.)*

MÉRIN PÈRE

Qu'est-ce qui te prend?

ANDRÉ, *faisant un effort.*

Ma foi! chaque fois qu'on me parle de ces petites Larive...

MÉRIN PÈRE

Ne sois pas injuste pour Fernande. Cette charmante enfant n'a jamais dû montrer à un garçon le plus petit coin défendu de sa personne. Sa sœur Ernestine, je te l'abandonne : c'est une vaurienne.

ANDRÉ

Et cela ne te trouble pas de voir ces deux jumelles qui ont la même taille, la même voix, les mêmes yeux, la même candeur et qui s'en vont pareillement habillées, chaussées et chapeautées, si bien qu'on ne les distingue plus l'une de l'autre et qu'on ne sait pas quel est l'ange ni quel est le démon?

MÉRIN PÈRE

C'est un peu fort, en effet, mais après?...

ANDRÉ

Tu ne trouves pas ça effarant? Mais si l'on n'est pas résigné à douter de tout, mieux vaut se tuer tout de suite.

MÉRIN PÈRE

Je ne vais pas jusque-là. On peut très bien s'en accommoder. Les femmes auraient moins de charme si elles étaient plus simples.

ANDRÉ

Ah! tu trouves, toi. On voit que ces choses-là t'amusent. Suppose que tu aies vingt ans de moins...

MÉRIN PÈRE

Pardon, je les ai eus.

ANDRÉ

Maman était une femme incomparable, trop parfaite pour que tu sois bon juge.

MÉRIN PÈRE

A cet égard, tu n'as pas à te plaindre non plus.

ANDRÉ

Ah! ne parlons pas de moi... Mais, tiens! je pense à un camarade avec qui j'étais prisonnier et qui est mort là-bas.

MÉRIN PÈRE

Eh bien?

ANDRÉ

Il était à l'agonie; j'étais seul près de lui; il a laissé échapper un secret. Il a parlé d'une femme qui a été sa maîtresse et que tout le monde croit fidèle à son mari. Si je te disais son nom, tu bondirais.

MÉRIN PÈRE

Quel rapport?...

ANDRÉ

Quel rapport, père? Mais je suis sûr que le mari de cette femme se laisserait pendre plutôt que de croire cela. Et elle, c'est une des rares femmes d'ici que personne ne soupçonne, une des seules avec Blanche.

MÉRIN PÈRE

A quoi bon te frapper pour un homme qui ne connaîtra jamais son malheur?

ANDRÉ

Comment cela ne me frapperait-il pas?

MÉRIN PÈRE

Tu as du temps à perdre!

ANDRÉ

Ah! père, ne parlons plus de cela!

MÉRIN PÈRE

...Tu as une idée derrière la tête...

ANDRÉ

...Cet homme croit à la pureté de son miroir. Je crois à la pureté du mien.

MÉRIN PÈRE

Es-tu fou?

ANDRÉ

Cet homme n'a jamais quitté sa femme. Moi, je suis parti quatre ans.

MÉRIN PÈRE

Quatre ans pendant lesquels Blanche n'a cessé de souffrir.

ANDRÉ

On ne peut pas souffrir quatre ans.

MÉRIN PÈRE

Est-ce une raison pour...

ANDRÉ

Sans doute, on peut vaincre le découragement, et même les sens. Mais si l'occasion vient à vous?

MÉRIN PÈRE

Elle ne vient que si on la cherche. Ta pauvre petite Blanche ne l'a jamais cherchée.

ANDRÉ

Un officier américain a logé ici.

MÉRIN PÈRE

Ah! c'est ça... Mais il en a logé partout.

ANDRÉ

Père, n'es-tu pas aveugle? Toi-même, occupé avec tes Américains, voyais-tu ce qui se passait ici?

MÉRIN PÈRE

Je venais tous les soirs.

ANDRÉ

Les journées sont longues... et les nuits sont tristes. Cherche honnêtement, et tu trouveras bien quelque indice, comme moi.

MÉRIN PÈRE

Comme toi?

ANDRÉ

J'en trouve tous les jours.

MÉRIN PÈRE

Du diable si je m'attendais à cela! Mon ami, tu me renverses. Soupçonner Blanche parce que la pauvre femme a dû loger un officier! Blanche qui n'a fait que soupirer après toi! Elle en était même embêtante, parfois. Je ne devrais pas te dire cela. Mais, vraiment, elle n'avait plus de conversation, quand on venait la voir... « Si André était là... Si André m'entendait... » En dehors de cela, on ne pouvait l'intéresser à rien.

ANDRÉ

Je ne te demande pas de me rassurer. Je vis dans un doute effroyable. Si elle s'est mal conduite, j'aimerais encore mieux le savoir. Ah! si tu as remarqué chez elle une seule étrangeté, la moindre réticence, je t'en prie, père, dis-le-moi. Tu me feras plus de bien qu'en essayant de me rassurer par de mauvaises raisons.

MÉRIN PÈRE

Je ne sais rien. Je n'ai rien remarqué. Tu me

vois stupéfait. Aurais-je jamais pu penser que ce doute t'était venu?

ANDRÉ

Mets-toi à ma place : chaque jour, depuis six semaines, je retrouve quelque trace du passage de cet officier, une preuve de son intimité avec Blanche. Ils sortaient, ils dînaient ensemble ; elle a appris quelques mots d'anglais ; il lui a laissé quelques petits souvenirs. Oh ! je ne dis pas que Blanche a été coupable. Père, je crois même, quand je suis de sang-froid, le matin surtout, si je suis dispos et lucide, je crois qu'elle ne l'a pas été. Mais, au premier choc, mes inquiétudes renaissent. Je me dis : « Il était là ; elle était là. Elle souffrait ; j'étais loin... » Je me dis que la meilleure des femmes peut avoir une défaillance et que les hommes sont sans scrupule. Et je me dis surtout qu'on peut vivre cent ans près d'un être qui vous cache un secret pour ne pas vous blesser, et qu'il aura cent ans, s'il vous aime, la force de vous le cacher.

MÉRIN PÈRE, *ébranlé.*

Enfin... enfin... tu as bien tort de te frapper. Moi, je suis sûr de l'innocence de Blanche. Tout ce que je te dirai, je sais bien que ça n'y fera ni chaud ni froid. Tu penseras toujours que, si elle a failli, je n'étais pas derrière la porte pour le constater...

ANDRÉ

Vois, tu me comprends...

MÉRIN PÈRE

Mais non... mais non... que veux-tu que je te dise? Ma conviction? C'est déjà beaucoup. A toi d'avoir confiance. Tu la connais mieux que moi.

ANDRÉ

Est-ce qu'on connaît quelqu'un?

MÉRIN PÈRE

Si tu n'as pas confiance en elle, tu n'es pas digne de l'aimer.

ANDRÉ

Ah ! combien de fois me le suis-je dit, père ! Je me bats les flancs pour avoir confiance. Mais si Blanche est vraiment obligée de me cacher une seconde de défaillance, ma confiance changera-t-elle quelque chose au passé?

MÉRIN PÈRE

Dans ce cas, fiston, va te jeter à l'eau ! Bon sang ! nous avons tous assez souffert depuis quatre ans. Je ne pensais pas que tu nous reviendrais aussi compliqué. Avant la guerre, tu n'avais foi qu'en Blanche. Un mot d'elle, on te voyait en extase. Et maintenant... Ah ! non, laisse-nous tranquilles. Tu es revenu. Ta femme t'aime. N'es-tu pas content? Je mettrais ma tête à couper qu'elle t'est restée fidèle. Mais même ne l'aurait-elle pas été, peux-tu changer rien à rien? Prends donc la vie comme elle vient et ne t'occupe pas du reste. On a été assez malheureux comme ça.

ANDRÉ

Ah ! évidemment, je suis insupportable. Je tâcherai de me guérir. Avec le temps, peut-être...

MÉRIN PÈRE

J'entends Blanche. Je vous laisse... Sois donc avec elle comme autrefois. La pauvre petite l'a bien mérité. *(Il ouvre la porte.)* ... Non... Jeanne Liron.

*(Entre Jeanne.)*

JEANNE

Bonsoir, monsieur Mérin.

MÉRIN PÈRE

Vous arrivez à propos. Faites un peu de morale à mon fils. Voilà qu'il s'ennuie après le camp de Darmstadt.

*(Il sort.)*

JEANNE

Vous êtes décidément bien atteint, puisque vous ne vous contenez même plus devant votre père.

ANDRÉ

Qu'est-ce que vous voulez dire?

JEANNE

Écoutez, je viens de voir Blanche qui entrait à l'église. Ce n'est guère dans ses habitudes, et j'ai pensé qu'elle devait avoir un rude besoin de se changer les idées.

ANDRÉ

Qu'a-t-elle bien pu vous raconter?

JEANNE

Oh ! rien. Ses yeux sont assez éloquents. Mon cher ami, votre femme n'a cessé de souffrir tant que vous étiez absent ; et depuis votre retour elle est plus malheureuse encore.

ANDRÉ

Ah ! dites-le, je suis une brute. Je le sais et j'en souffre bien. La guerre, la captivité m'ont marqué. Je ne suis plus ce que j'étais jadis. Je ne peux plus faire le bonheur de Blanche.

JEANNE

Mais non, vous n'êtes pas plus méchant qu'autrefois. Vous êtes seulement moins fort, moins résistant. Pourtant vous savez réagir. Quand vous étiez prisonnier, vos lettres étaient courageuses.

ANDRÉ

Elles prolongeaient le passé. C'est maintenant que je sens ma fatigue.

JEANNE

Nous en sommes tous un peu là... Vous vous laissez démonter par un soupçon injuste qui, jadis, ne vous aurait même pas troublé. Si ce n'était pas cela, ce serait autre chose.

ANDRÉ

Croyez-vous?... Ah! ma pauvre amie, je sens trop votre pitié. Peut-être avez-vous raison, mais comment vous croirais-je sincèrement? Je veux croire Blanche et n'y arrive pas.

JEANNE

Ah! si je pouvais vous passer ma confiance en elle! Mais regardez-la. Pourrait-elle vivre auprès de vous et mentir? Si elle avait un secret, elle se serait déjà trahie mille fois.

ANDRÉ, *brusquement.*

Jeanne, répondez-moi les yeux dans les yeux...

JEANNE

Si vous voulez...

ANDRÉ, *la regardant.*

Vous m'affirmez la pureté de Blanche?

JEANNE

C'est une des rares choses dont je jurerais.

ANDRÉ, *lentement.*

Mais comment puis-je vous croire, vous?

JEANNE, *troublée.*

Que voulez-vous dire?

ANDRÉ

Saviez-vous que Lubin était mort dans mes bras?

JEANNE, *d'une voix changée.*

Lubin? Eh bien?

ANDRÉ, *la regardant fixement.*

Il a prononcé un nom avant de mourir!

*(Il la regarde.)*

JEANNE

Et après?

ANDRÉ

Ce n'était pas le nom de sa femme...

JEANNE

Ah!

ANDRÉ

C'était le vôtre...

JEANNE, *s'écartant.*

Par amitié, ne continuez pas... Le hasard vous a fait connaître un passé douloureux, une défaillance de jeune femme. Ne m'en parlez jamais.

ANDRÉ

Mais comment puis-je vous croire?

JEANNE

Est-ce vraiment cela qui peut vous empêcher?

ANDRÉ

Est-ce que, depuis des années, vous ne vivez pas auprès de votre mari avec ce secret et est-ce que votre mari ne lit pas dans vos yeux la même candeur que je lis dans ceux de Blanche?

JEANNE, *après un violent débat intérieur.*

Qui vous dit qu'il y a un secret entre mon mari et moi?

ANDRÉ

Quoi?...

JEANNE

Il y a beau jour que je l'ai avouée, cette erreur de jeunesse. Pourquoi réveillez-vous cette souffrance?

ANDRÉ

Comment, Jeanne! Vous avez avoué? Vous avez imposé à votre mari le partage de ce lourd souvenir? Vous n'avez pas eu assez d'amour pour lui épargner cela, pour cacher, pour mentir, malgré tout, jusqu'au bout, toujours?

JEANNE, *pesant ses mots.*

Non, non! Croyez-vous que l'on puisse éternellement mentir quand on vit côte à côte? Le secret que la bouche retient passe par les yeux. Je n'ai pas pu. Qui pourrait?

ANDRÉ, *songeur.*

Vraiment, n'est-ce pas possible?

JEANNE, *qui s'est approchée de la fenêtre.*

Voici quelques personnes qui sortent de l'église... Je m'en vais... Ne m'en veuillez pas... Et surtout ayez pitié d'elle...

ANDRÉ

Merci.

*(Jeanne sort.)*

ANDRÉ, *seul*

Est-ce vrai qu'on ne peut pas mentir éternellement? *(Il se lève, s'approche de la fenêtre, rêve, et soudain.)* La voici... Qu'y a-t-il dans cette petite cervelle? Pauvre Blanche! Oui, je ne suis qu'une brute... Si vraiment Jeanne n'a pas pu mentir, comment ma Blanche le pourrait-elle? Ce n'est qu'un oiseau fragile... Pauvre petite... *(Il va à la porte et l'ouvre. Blanche entre. André prend sa main.)* Blanche, écoute... Viens, chérie. J'ai été brutal. Pardonne-moi. Je désire ton bonheur avant tout.

BLANCHE

Tu n'agirais pas ainsi!...

ANDRÉ

Je suis malheureux. Mais tout est de ma faute. Il y a eu des malentendus. Ne m'en veuille pas.

BLANCHE

Oh! André, pourquoi n'as-tu pas confiance?

ANDRÉ

Je t'aime. Mais je t'aime...

BLANCHE

Alors pourquoi me fais-tu souffrir?

ANDRÉ

Je t'aime trop. Je tâcherai de t'aimer mieux. Je t'aime mal. Je ne sais peut-être plus. C'est une espèce de butor qui t'est revenu du camp de Darmstadt, un homme aigri par les souffrances.

BLANCHE, *câline*.

Non, un malade que je soignerai et que je guérirai, s'il veut bien se laisser faire.

ANDRÉ

Il ne demande que ça.

BLANCHE

On ne le dirait pas toujours.

ANDRÉ

C'est fini : le vrai André va revenir.

BLANCHE

Combien de fois me l'as-tu dit?

ANDRÉ

Je ne l'ai jamais autant cru.

BLANCHE

Est-ce possible?

ANDRÉ

Parfois des pans entiers de nous-mêmes tombent et nous voyons plus clair. Je t'étais revenu si déprimé. Ce n'est pas du jour au lendemain que pouvait agir la douce influence de notre bonheur.

BLANCHE

Je crois entendre les premières paroles d'espoir d'un convalescent... Je te retrouve donc?

ANDRÉ

Pourquoi pas?

BLANCHE

Tu ne m'avais rien dit de si doux depuis ton retour. De vilains oiseaux de nuit viennent de s'éloigner. Oh! retrouver mon André entièrement!

ANDRÉ

Pauvre petite! Je ne sens pas toujours assez combien tu as mérité de le retrouver, ton André d'autrefois.

BLANCHE

Souvent j'ai pensé que je te verrais revenir épuisé, meurtri et que, pendant de longs mois, il me faudrait te choyer comme mon enfant et que je finirais par te guérir à force d'amour. Abandonne-toi, laisse-moi te dorloter, te servir, me montrer digne de toi. C'est bien mon tour de prendre de la peine. Pauvre vieux, quand tu te réveillais, là-bas, grelottant, les reins brisés, ne pensais-tu pas que ma tendresse te ferait oublier tes souffrances et qu'un jour tu te réveillerais dans mes bras?

ANDRÉ

Chérie, je pensais surtout que tu étais malheureuse loin de moi et qu'en revenant c'est moi qui te cajolerais. Ah! si l'on m'avait dit qu'au lieu de cela je te ferais souffrir... Tu es si douce que j'ai honte. Je voudrais me faire du mal pour me punir.

BLANCHE

Ne parle pas de cela.

ANDRÉ

Si! tu vaux mieux que moi. Mais ne sois pas trop sévère. Un doute infernal, par instants, m'obscurcit la raison. C'est comme une fièvre qui vous prend et contre laquelle on ne lutte pas. Je t'aimerais moins que cela n'arriverait pas. Oh! pardon! Sache au moins ce qu'il y a de vrai en moi : une confiance profonde.

BLANCHE

Perds l'habitude de souffrir en secret. Dis-moi toutes tes craintes. Mon passé est pour toi un livre ouvert. Je n'ai rien à te cacher. Je ne t'ai jamais rien caché.

ANDRÉ

Ah! je le sais... Et si tu avais failli, pourrais-tu mentir? *(La serrant contre lui.)* Non, non, puisque d'autres ne le peuvent pas, comment toi, ma pauvre petite, le pourrais-tu?

BLANCHE

Et dire que tu as pu le croire!

ANDRÉ

Maintenant, je comprends, je vois... Ma Blanche, la plus pure... la seule pure...

BLANCHE, *souriant.*

La seule?... C'est gentil, mais c'est peut-être injuste.

ANDRÉ

Crois-tu?... Si je te racontais... Il y en a... Mais non...

BLANCHE

Que veux-tu dire?

ANDRÉ

Tiens! regarde Jeanne...

BLANCHE

Jeanne? Eh bien?...

ANDRÉ

Lubin, en mourant...

BLANCHE

Quoi! tu sais quelque chose?

ANDRÉ

Tu sais aussi?

BLANCHE

Ce secret lui a échappé, il y a quelques mois, un jour qu'elle me parlait de lui. Pauvre Jeanne! Elle a bien souffert.

ANDRÉ

Mais t'a-t-elle dit aussi que Liron savait tout?

BLANCHE

Non, son mari ne se doute de rien.

ANDRÉ

Pourtant...

BLANCHE

C'est Jeanne qui me l'a affirmé.

ANDRÉ

C'est bizarre...

BLANCHE

Je ne crois pas qu'elle m'ait menti.

ANDRÉ

Si elle ne t'a pas menti, elle a menti à son mari... à l'un ou à l'autre, en tout cas.

BLANCHE

Elle lui a simplement caché...

ANDRÉ, *vivement.*

C'est donc possible.

BLANCHE, *troublée.*

Pour Jeanne, oui...

ANDRÉ

...Oui...

*(Un long silence.)*

BLANCHE, *l'observant avec inquiétude.*

Jeanne n'a jamais eu beaucoup d'intimité avec son mari. Ce n'est pas un ménage comme le nôtre.

ANDRÉ

Je l'ai cru longtemps, pourtant.

BLANCHE

Tu ne la connaissais pas comme moi.

ANDRÉ

Comme on peut se tromper !

BLANCHE

N'est-ce pas?

ANDRÉ

C'en est angoissant. *(Il se lève.)* C'en est angoissant.

BLANCHE, *la voix étranglée.*

André, quelle idée te vient encore?...

ANDRÉ

Ah ! rien ! ne fais pas attention.

BLANCHE

Assieds-toi près de moi... Tu ne veux pas... Regarde-moi au moins. Laisse-toi aimer, André... Que tu es cruel !

ANDRÉ, *en écho se retournant.*

Cruel?... *(Il la regarde et secoue la tête.)* Non... non... *(Ouvrant les bras.)* Viens...

*(Elle tombe dans ses bras, mais, par-dessus son épaule, il regarde au loin, rêveur. Et tout à coup, il la repousse et, comme fasciné, s'approche de la cheminée et s'assied sur la chaise basse.)*

BLANCHE

Mais qu'est-ce que tu as?

ANDRÉ

N'est-ce pas là qu'il venait s'asseoir, lui aussi?...

BLANCHE

Lui !... Ah ! tais-toi...

ANDRÉ

Ne lui disais-tu pas aussi de se taire quand il parlait de moi? *(Se levant.)* N'étiez-vous pas, comme maintenant, deux dans cette pièce? N'y avait-il pas deux couverts à cette table? *(Regardant autour de lui.)* Ah ! partout son ombre me poursuit. Il est encore là, présent, agissant, comme il est vivant en toi...

BLANCHE

Je ne veux pas que tu dises cela. Il n'y a qu'un homme dans mon cœur : c'est toi. Tu n'as pas le droit de supposer le contraire.

ANDRÉ

Ah ! répète-le. Tu me fais du bien. Tu n'aimes que moi. Répète-le... Mais je ne te crois pas.

BLANCHE

Tu me croyais tout à l'heure.

ANDRÉ

Je ne peux plus.

BLANCHE

Regarde-moi.

ANDRÉ

Est-ce une preuve?

BLANCHE

Je te croyais guéri.

ANDRÉ

Laissons cette comédie.

BLANCHE

Mais que puis-je dire, que puis-je faire pour te convaincre?

ANDRÉ

Dis-moi que cet homme a été un lâche et un criminel. Dis-moi qu'il a voulu abuser de toi et que tu as dû le repousser.

BLANCHE

Ce n'est pas vrai.

ANDRÉ

Ce n'est pas vrai?

BLANCHE

Tu ne me feras pas dire ce qui n'est pas. Cet homme n'a été ni lâche ni criminel.

ANDRÉ

Évidemment, tu peux me dire ce que tu veux.

BLANCHE

Tu ne m'épargneras donc rien? Je n'ai vécu que pour toi. Vas-tu me le faire regretter?...

ANDRÉ

Ah ! Blanche, tais-toi...

BLANCHE

Est-ce que tu prends des gants, toi, pour me blesser?

ANDRÉ

C'est donc te blesser que dire du mal de cet homme?

BLANCHE

Je te défends de parler ainsi.

ANDRÉ

Es-tu bien venue de me défendre de parler?

BLANCHE

Je n'ai rien fait de mal.

*(André va à la porte du fond et l'entr'ouvre.)*

ANDRÉ

Tiens! Jeanne encore!... Ah! qu'appelez-vous le mal, vous autres?

*(Il rentre dans la chambre en faisant claquer la porte. Blanche s'effondre sur une chaise. Entre Jeanne.)*

JEANNE

Votre mari?... Tenez, j'ai croisé le facteur. Voici votre courrier. *(Elle le pose sur la table.)* Qu'est-ce que vous avez?

BLANCHE

Ah! je suis découragée. Il me fait trop souffrir... Avoir espéré si longtemps et en être là. Voilà la récompense de l'honnêteté.

*(Elle s'est levée, nerveuse.)*

JEANNE

Seriez-vous plus atteinte qu'André?

BLANCHE

Ah! c'est possible...

JEANNE

Pauvre amie!

BLANCHE, *qui s'était mise à remuer distraitement le courrier.*

Ah! mon Dieu!... *(Elle tend une enveloppe.)* Jeanne!... c'est... Voyez!...

JEANNE

Une lettre de lui?

BLANCHE

...De lui... *(Elle regarde la porte de la chambre et brusquement.)* Je vais la montrer tout de suite à André... Ce sera la meilleure preuve... *(Elle va rapidement vers la porte, mais soudain regarde l'enveloppe, s'arrête, hésite...)* Qu'y a-t-il dans cette lettre?... Ah! Jeanne, Jeanne, ne vaut-il pas mieux... la détruire?

JEANNE

Que vous dire?...

BLANCHE

Voyez-vous, je ne sais plus... Lui montrer cela! Que penserait-il?... Cette lettre... *(Brusquement.)* Non!

JEANNE

Prenez garde.

*(Blanche ne répond pas, regarde la porte de la chambre, regarde la lettre et soudain l'ouvre et commence à lire...)*

RIDEAU

---

# ACTE TROISIÈME

Quelques jours après. — Même décor. Il y a un peu de désordre dans la pièce ; quelques objets ne sont plus à leur place ; un chapeau traîne sur une chaise, un ouvrage sur la table.

*Blanche est seule, debout contre la fenêtre. Elle paraît guetter quelqu'un avec anxiété. Au bout d'un instant, elle va rapidement à la porte du fond, l'ouvre et attend. Entre Jeanne. Blanche referme la porte derrière elle, lui prend la main et l'attire vers l'avant-scène en parlant.*

BLANCHE

Ah! je vous attendais avec une impatience!...

JEANNE

Vous êtes seule?

BLANCHE

André est sorti... C'est pour ça...

JEANNE

Fernande Larive m'a dit que vous vouliez me parler. Je suis venue tout de suite.

BLANCHE

Oui, oui... merci.

JEANNE, *regardant autour d'elle.*

Ça sent le drame encore.

BLANCHE

Pour changer...

JEANNE

Que s'est-il passé?

BLANCHE

On dirait maintenant qu'il prend plaisir à me faire du mal. Il ne m'a pas trouvée à la maison en rentrant du collège. Il m'a fait une scène et est parti en claquant la porte. Mais qu'importe? C'est chaque jour ainsi. Cette vie n'est plus possible.

JEANNE

Il faut réagir.

BLANCHE

Je ne peux pas... Je ne peux plus...

JEANNE

Patientez encore. Ce n'est qu'un malentendu.

BLANCHE

Non, Jeanne, c'est plus grave que cela. Aujourd'hui je ne suis plus sûre de mon cœur.

JEANNE

Que voulez-vous dire?

BLANCHE

Je ne suis plus sûre de moi, Jeanne. Je ne sais plus si j'aime André comme je l'ai aimé pendant dix ans.

JEANNE

Blanche, qu'est-ce que vous avez?

BLANCHE

Ah! il faut bien que je vous le dise. J'hésitais, car j'ai peur de votre jugement. Mais je n'en peux plus... Un homme est venu me voir de sa part.

JEANNE

Un homme? Qui? Quand ça?

BLANCHE

Hier matin. J'ai vu entrer un inconnu. Dieu merci, j'étais seule. C'était un interprète en permission dans la région... un de ses amis.

JEANNE

En voilà une nouvelle!

BLANCHE

Vous vous rappelez cette fameuse lettre où il m'annonçait, il y a quelques jours, qu'il allait bientôt quitter la France?

JEANNE

Oui... Eh bien?

BLANCHE

Eh bien! il m'a fait demander si je pouvais l'accompagner.

JEANNE

Que dites-vous? L'accompagner! Comment cela? Et quand?

BLANCHE

Il part mercredi.

JEANNE

Mercredi!

BLANCHE

Demain... *(Les deux femmes restent un moment absorbées. Et tout à coup.)* Alors vous comprenez mon désarroi. Cet homme, c'était un rêve, un souvenir d'une autre vie. Et soudain, dans ma détresse, il prend une réalité. Je ne m'étais jamais dit qu'un jour, brutalement, il faudrait choisir.

JEANNE

Mais vous avez déjà choisi.

BLANCHE, *regardant autour d'elle.*

Oui, j'ai choisi... *(Brusquement.)* Je pars! Ne me dites plus rien.

*(Elle fond en larmes.)*

JEANNE, *affectueusement.*

Allons! Ne pleurez pas! Raisonnez plutôt. Il vous attend... Et après?

BLANCHE

Je sais que demain matin il sera à la gare de Lyon et me guettera dans la foule. Je sais que demain soir nous partirons ensemble pour Brest.

JEANNE

Vous n'aimez donc plus André?

BLANCHE

Ah! souffrirais-je si je ne l'aimais plus?... Mais j'ai pitié aussi de celui qui va partir. Cela vous étonne. Qui m'eût dit que je parlerais ainsi de lui? Mais je le connais mieux depuis qu'il n'est plus là. Je découvre dans ses paroles des délicatesses mal comprises. J'ai parfois des regrets de n'avoir pas su lui répondre.

JEANNE

Il est loin : il est fort. Mais rappelez-vous ce que vous me disiez d'André prisonnier.

BLANCHE, *songeuse.*

C'est vrai... André prisonnier, c'était le devoir. Loin de moi, malheureux, il pouvait lutter. Mais il est revenu et ce n'est plus le même André.

JEANNE

Vous donnez trop d'importance aux défauts que l'absence estompait. Vous êtes moins indulgente qu'autrefois.

BLANCHE

C'est possible; mais la vie quotidienne est si impitoyable! Elle nous montre ce qu'il y a de plus terre à terre chez ceux que nous aimons... Depuis son retour André n'est plus qu'un homme.

JEANNE

C'est une raison pour l'aimer.

BLANCHE

N'aurait-il pu faire un effort, lui aussi? Il m'aime, mais il me fait souffrir. C'est pour cela que j'ai vu trop clair.

JEANNE

Mais si vous partez, n'est-ce pas l'autre qui vous décevra, dans sa vie de chaque jour?

BLANCHE

Qui sait?

JEANNE

Savez-vous seulement quel est cet homme?

BLANCHE

Qu'importe, s'il m'aime et s'il est bon?... Et il m'aime... et il est bon.

JEANNE

Comment pouvez-vous dire cela d'un homme que vous connaissez si mal?

BLANCHE

Je le connais mieux que vous ne pensez.

JEANNE

Parce qu'il a passé quelques semaines chez vous? Parce qu'il vous a écrit une fois?

BLANCHE

Cela suffit; il m'a montré des coins de son cœur qui sont déjà à moi.

JEANNE

Comment découvrez-vous ces choses tout à coup?

BLANCHE

Jusqu'à présent, je craignais d'y penser.

JEANNE

Blanche! Blanche! Vous êtes sur une pente dangereuse. Savez-vous où cela pourrait vous entraîner?

BLANCHE

Oui... A partir demain matin. D'abord, j'ai eu terriblement peur... Maintenant, je suis décidée.

JEANNE

Partir? Ce serait un crime. Pensez-y bien.

BLANCHE

Au point où j'en suis, il faut voir de plus haut.

JEANNE

Vous pourriez abandonner André!

BLANCHE

Est-ce qu'il ne m'abandonne pas? Il me rend malheureuse.

JEANNE

Mais enfin, quitter votre foyer! Y songez-vous?

BLANCHE

Un foyer sans enfants. — Sans enfants! le mal vient peut-être de là. — Comment voulez-vous que la vie reprenne ici?

JEANNE

Que penserait-on de vous dans la ville?

BLANCHE

Et après? Je vivrai en Amérique.

JEANNE

Et cela ne vous effraie pas de vous expatrier?

BLANCHE

Ce pays qui est le sien m'attire. C'est comme si, brusquement, une porte s'était ouverte, par laquelle j'aperçois un chemin longtemps cherché... Le bonheur peut-être.

JEANNE

Vous risquez une déception terrible. Otez-vous ces idées de la tête.

BLANCHE

Ah! depuis que cet homme m'a parlé de lui, il me semble que, du fond de moi, remonte tout ce qu'il y avait d'espérances déçues, d'illusions étouffées. Je vois les choses différemment. Au fond, l'idée que je n'étais pas heureuse ne me semblait pas raisonnable. Mes souffrances, ce n'était qu'un mauvais moment à passer. Je ne concevais pas une vie sans André, une vie par un autre homme que lui... Soudain tout a changé.

JEANNE

Vous ne vous voyez tout de même pas mettant votre chapeau, bouclant votre valise et partant pour toujours, après avoir écrit une lettre à André.

BLANCHE

Lui écrire! Oh! non, je ne pourrais pas. Ni lui parler non plus. Il faut que vous m'aidiez.

JEANNE

Vous aider? Moi?

BLANCHE

C'est le service que j'attends de vous.

JEANNE

Mais je ne peux pas vous le rendre. Je n'approuve pas votre départ.

BLANCHE, *lui prenant les mains.*

Jeanne, écoutez-moi. J'ai trop souffert et mon parti est pris. Si je ne vous ai pas consultée, c'est que votre bonne amitié ne vous permettait pas de me donner un conseil désintéressé. Il ne s'agit donc plus que de m'adoucir le dernier moment pénible, de parler pour moi à André.

JEANNE

Que me demandez-vous là?... Vous ne voulez pas réfléchir encore?

BLANCHE

Non, non... Si vous préférez, vous ne lui parlerez qu'après mon départ... Moi, je lui ferais trop de mal.

JEANNE

Inconséquente! Vous craignez de lui faire du mal et vous allez briser sa vie.

BLANCHE

Nullement! Je le délivre de moi. C'est son meilleur remède.

JEANNE

Mais vous, ma petite, partir! Quelle aventure!

BLANCHE

Oui, mais rester, quelle lâcheté!

JEANNE

C'est peut-être tout de même le bonheur.

BLANCHE

Chut... André... *(André entre par le fond, les mains dans ses poches, le regard fuyant, la pipe à la bouche. Il jette son chapeau sur le buffet, va s'accouder à la cheminée et reste la tête penchée vers les chenets, qu'il taquine du pied. Blanche, à voix basse, avec un soupir.)* Le bonheur...

*(Un silence. Les deux femmes restent embarrassées.)*

ANDRÉ, *sans se retourner.*

J'aurais bien voulu te parler un peu, Blanche.

JEANNE, *bas.*

Je vous laisse...

*(Elles se serrent la main avec effusion. Jeanne se retire sans bruit. André reste dans la même position.)*

BLANCHE

Tu as une façon de mettre les gens à la porte!

ANDRÉ

Pour le plaisir qu'elle a à me voir, celle-là.

BLANCHE

Comme tu es injuste. Jeanne t'aime beaucoup.

ANDRÉ

Ne me raconte pas d'histoires... De quoi parliez-vous donc?

BLANCHE

De rien de bien intéressant...

ANDRÉ, *se retournant.*

Tiens! ce n'est jamais intéressant, ce que vous dites... Mais quand j'arrive, vous vous taisez.

BLANCHE, *nerveuse.*

Allons! bon...

ANDRÉ

Et quand elle sort d'ici, tu as toujours une drôle de tête.

BLANCHE

Enfin qu'est-ce qu'elle t'a fait?

ANDRÉ

Je ne suis pas un imbécile. Je sais l'influence qu'elle a sur toi.

BLANCHE

Tu es jaloux parce qu'elle est mon seul refuge quand tu m'as bien fait souffrir.

ANDRÉ

C'est elle qui te monte la tête. Je la vois, avec son air de rien, glissant entre deux coups d'aiguille la parole qui tourmente. *(Blanche hausse les épaules.)* Parbleu! quand je suis entré, vous parliez encore de lui.

BLANCHE

Je t'en prie, tais-toi.

ANDRÉ, *se rapprochant.*

Tu t'imaginais donc que tu pouvais recevoir sa visite et que je n'en saurais rien?

BLANCHE, *abasourdie*

Sa visite...

ANDRÉ

Dix personnes, hier matin, à l'heure où j'étais au collège, ont vu un officier américain dans notre rue.

BLANCHE

Alors, parce qu'un officier américain est passé dans la rue, tu vas supposer...

ANDRÉ

Et, quand je suis rentré, cette odeur de tabac blond dans l'escalier...

BLANCHE, *troublée.*

Mais... tu... tu rêves...

ANDRÉ

Oh! ne t'amuse pas à nier, puisque je suis sûr que tu l'as vu.

BLANCHE

André, je vais tout te dire, mais tu me croiras. C'est un interprète en permission qui est venu.

ANDRÉ

Tu inventes.

BLANCHE

Seras-tu convaincu si je t'avoue qu'il venait de sa part? C'est l'homme qu'on a vu hier matin. Voilà tout.

ANDRÉ, *dans un éclat de rire.*

Voilà tout! Cet homme t'envoie un messager, et voilà tout! Tu trouves ça naturel. Tu es bien inconsciente... ou bien adroite.

BLANCHE, *agacée.*

Comme tu es mauvais. Cet officier a passé trois mois ici et, avant de repartir pour l'Amérique, il me donne signe de vie. Peut-on lui reprocher d'être bien élevé? Jadis, tu aurais compris cela.

ANDRÉ

Jadis, tu n'aurais pas pris la peine de le défendre.

BLANCHE

Oui, je le défends. Et après? Il a toujours agi loyalement. Il n'a pas voulu revenir lui-même chez moi, puisqu'il n'en était pas prié; mais, avant de quitter la France, il a eu la délicatesse de me faire remercier.

ANDRÉ.

Vraiment! Te remercier! Quelle ironie! Est-ce tout ce qu'il voulait? *(Blanche le regarde, hésite, baisse les yeux et se retourne sans répondre. André fait un pas vers elle.)* Je veux savoir ce que t'a dit cet interprète. M'entends-tu? *(Il lui prend le bras.)* Dis-moi tout. Je te l'ordonne.

BLANCHE, *se dégageant.*

Brutal!

ANDRÉ, *hors de lui.*

Brutal, peut-être. Mais j'ai le droit de tout savoir.

BLANCHE, *se contenant.*

Pour l'amour de ce que tu étais, de ce que tu aurais pu être encore, j'étais prête à souffrir en silence. Tu m'as rendu cela impossible. Ne t'en prends qu'à toi. *(André la regarde avec surprise.)* J'étais honnête et simple. Mais tu as été trop injuste et tu m'as poussée à bout.

ANDRÉ

Poussée à bout? Qu'est-ce que tu racontes là?

BLANCHE, *après une hésitation.*

Ah! ne m'en demande pas plus aujourd'hui, va!

ANDRÉ

Tu m'exaspères avec tes réticences. Encore l'influence de Jeanne!

BLANCHE

Jeanne! Si tu avais pu entendre ses conseils! Vois, je voudrais te ménager et tu m'en décourages.

ANDRÉ

Me ménager? *(Lui prenant brusquement les poignets.)* Je n'aime pas ces plaisanteries. Regarde-moi en face et dis-moi ce qui s'est passé.

BLANCHE, *se débattant.*

Laisse-moi...

ANDRÉ

Parle...

BLANCHE, *se dégageant.*

Ah! tant pis pour toi... Il faut bien que tu le saches, après tout... Je vais partir...

ANDRÉ

Qu'est-ce que tu dis?

BLANCHE

Je vais partir... Partir avec lui, en Amérique. Voilà ce que venait me demander cet interprète. Tu le sais maintenant. Ça vaut mieux.

ANDRÉ, *après l'avoir regardée un moment, sans parler, comme abasourdi.*

Je n'ai pas bien entendu.

BLANCHE

Si, tu as bien entendu.

*(Un silence.)*

ANDRÉ, *d'une voix changée.*

Partir !... Qu'est-ce que ça veut dire?

BLANCHE, *la tête tournée, faisant effort pour se dominer*

C'est simple... Il m'attend à Paris. Je partirai demain... Jeanne n'y est pour rien... Elle me suppliait de rester... C'est donc de mon plein gré... Tout cela est de ta faute...

ANDRÉ

Tu n'as pas ton bon sens... Tu plaisantes...

BLANCHE, *nerveuse, même position.*

Est-ce que je pourrais faire un pareil mensonge?

ANDRÉ

Ah ! malheureuse, tout est trop clair maintenant.

BLANCHE, *se retournant.*

Trop clair?

ANDRÉ

Mes craintes n'étaient pas vaines... Il a été ton amant.

BLANCHE, *indignée, le regardant en face.*

André, je n'ai jamais été à cet homme. Pourquoi te ménagerais-je aujourd'hui, puisque tu sais que je vais être à lui? Je serai à lui demain, mais jamais, jamais je n'ai été à lui.

ANDRÉ

Tais-toi ! L'instinct profond qui m'empêchait de te croire avait sa raison. M'aurais-tu parlé comme tu l'as fait, s'il n'y avait pas un lien entre vous? Depuis deux mois, tu n'as cessé de mentir. Tu me cajolais en m'appelant ton malade. Malade, moi ! Ah ! la plaisante invention, le bon moyen de voiler ton crime !

BLANCHE

Ah ! crains de regretter ces paroles quand je serai partie et que tu me croiras.

ANDRÉ

Et que vous rirez ensemble de ma naïveté, n'est-ce pas? Car je sens bien qu'en dépit de tout, jusqu'à ce jour, au fond de moi, j'étais certain de ton innocence. Incurable bêtise de l'homme ! Ton innocence...

BLANCHE

Ah ! Je te la prouverai bien. Je ne veux pas partir avec ce remords : ne t'avoir pas convaincu que je suis restée fidèle jusqu au bout. Écoute-moi.

ANDRÉ

Quel mensonge encore?...

BLANCHE

Sur nos années d'amour et de bonheur, sur tout ce qui nous a été cher, sur la mémoire de ceux que j'ai aimés, je te le jure, je te le jure, André, je n'ai jamais été sa maîtresse. Tu peux me croire, car la réalité est peut-être pire.

ANDRÉ

Penses-tu pouvoir me faire plus de mal que tu m'en as fait?

BLANCHE

Tu m'as tellement torturée par tes soupçons injustes que je me suis repliée sur moi-même. N'accuse que ta brutalité, ta jalousie. Toi seul fus cause que, parfois, j'ai pu me dire que cet homme vivait et qu'il m'aimait. J'ai compris toute la consolation que pouvait m'apporter son affectueuse douceur. Et cette vie différente que jadis je n'aurais pas imaginée sans haine, j'ai fini par la regarder avec sympathie. *(Un silence.)* Me crois-tu, maintenant?

ANDRÉ

Que t'importe?

BLANCHE

Je t'ai été fidèle. Tu as encore, tu auras toujours la meilleure part de mon cœur. Crois bien que ce n'est pas une vie nouvelle que je cherche, mais une vie douloureuse que je fuis. Toi-même, tu sentiras vite que cela vaut mieux.

ANDRÉ, *brusquement.*

Ce n'est pas possible... C'est un coup de tête...

BLANCHE

Je te délivre. Pense aux deux mois que nous venons de passer.

ANDRÉ

Deux mois ! Qu'est-ce que c'est !

BLANCHE

Ils comptent plus que tout le reste.

ANDRÉ

Rappelle-toi ce que nous avons été, ce que nous pourrions encore être. Oublierais-tu...

BLANCHE

Je n'oublie rien. C'est pour cela que je ne puis rester. Tu es jeune. Est-ce que ta vie ne peut pas encore être belle sans moi?

ANDRÉ, *levant les bras.*

Ah ! refaire ma vie sans toi !... *(Un silence et tout à coup il s'approche d'elle.)* Bon ! C'est vrai ! je suis responsable... Mais ne puis-je pas changer?

BLANCHE, *s'écartant.*

Tais-toi ! Tais-toi ! Tu m'as trop souvent dit cela.

ANDRÉ

Mais songe que tu peux souffrir. C'est insensé. Tu dis et tu penses des choses qui ne sont pas en toi. Que se passe-t-il? Regarde-moi. L'atmosphère de cette pièce n'est plus ce qu'elle était.

BLANCHE

Il y a deux mois qu'elle n'est plus ce qu'elle était, depuis ton retour...

ANDRÉ

N'accuse que la guerre, alors!

BLANCHE

Est-ce que cela nous rendra notre bonheur? Est-ce que cela nous empêchera de nous chercher dans cette pièce comme deux étrangers?

ANDRÉ, *marchant de long en large.*

Et je t'écoute! Et je discute! Le ciel tombe et je me demande pourquoi. Mais ce n'est pas vrai. Je rêve ou c'est toi qui deviens folle. Aujourd'hui, nous ne parlons plus la même langue. Partir! Cela n'a pas de sens.

BLANCHE

Le plus dur, c'était de te le dire... Maintenant, c'est fait...

ANDRÉ

Comment peux-tu être si froidement cruelle? Me parler ainsi!... Ah! misérable!

BLANCHE

André, nous perdons notre temps. Mon parti est pris et ce n'est pas en m'insultant que tu m'attendriras. J'ai patienté et souffert avant d'en arriver là. Aie la pudeur de contenir ta colère. Laisse-moi une image de toi que je puisse regarder sans mépris.

ANDRÉ

Mais tu divagues! Voilà que tu parles comme si j'allais te laisser faire. Tu t'imagines que ça va se passer ainsi, que je t'ouvrirai la porte en te priant de sortir?

BLANCHE

S'il te reste un peu de respect humain, tu éviteras de me toucher.

ANDRÉ

Il n'y a aucune raison pour que je ne te retienne pas.

BLANCHE

Tant pis! Car, quoi que tu fasses, je suis décidée à partir.

ANDRÉ

Ah! pour toi-même, je saurai bien t'en empêcher.

BLANCHE, *méprisante.*

Évidemment, tu es le plus fort. Si tu veux me retenir, tu y arriveras. Tu vas fermer la porte à clef, n'est-ce pas? Et puis tu vas m'attacher les mains. Quand tu me délivreras, il sera trop tard... Je resterai... Mais notre vie après cela, l'imagines-tu?

ANDRÉ

...Notre vie après cela...

BLANCHE

Quel souvenir! Retenue de force, brutalisée...

ANDRÉ

Tais-toi... Je t'aime, moi...

BLANCHE

Pas assez pour ne pas te conduire en sauvage...

ANDRÉ, *s'écartant.*

Ah! si, va! Je t'aime assez pour me taire... Fais ce que tu voudras. Sois sans pitié!

BLANCHE

Est-ce bien à toi à parler de pitié, égoïste? Pour que tu sois satisfait, il faudrait souffrir et n'en rien dire. Tu es revenu de là-bas avec un besoin de cruauté.

ANDRÉ

Je t'aime, mais je ne suis pas cruel. Ah! quelle leçon!... Dis-moi que tout cela n'est pas vrai et que tu as simplement voulu m'éprouver.

BLANCHE

Nous parlons pour rien. Demain, je ne serai plus là...

ANDRÉ, *brusquement.*

C'est fou...

*(Il lui prend les poignets.)*

BLANCHE

Tu me fais mal.

ANDRÉ, *violent.*

Je te retiendrai!

BLANCHE, *dans un cri.*

Brute!

*(Elle se dégage et s'enfuit dans la chambre).*

ANDRÉ *regarde la porte et puis promène ses yeux autour de lui, les fixant successivement sur chaque meuble, sur chaque objet, en proie à une détresse croissante. Enfin il murmure d'un ton angoissé.*

Ah! qu'est-ce que j'ai fait?

*(Il reste un instant immobile et va, en trébuchant, s'asseoir sur la chaise basse, devant la cheminée. Il prend les pincettes et les agite machinalement. Il est ainsi depuis un moment, quand on ouvre la porte du fond. Entre Mérin père. Le jour baisse et la pièce, pendant toute cette scène, ne sera éclairée que par les lueurs du crépuscule, qui viennent de la fenêtre, et par un restant de feu de bois.)*

MÉRIN PÈRE

Bonsoir, fiston.

ANDRÉ, *à mi-voix, les pincettes soudain immobilisées entre ses mains.*

Bonsoir.

MÉRIN PÈRE

Je pensais bien vous trouver à cette heure. Blanche n'est pas là?

ANDRÉ

...Non.

MÉRIN PÈRE

Rien de nouveau?

ANDRÉ, *agitant les pincettes nerveusement, tout prêt à vider son cœur.*

Ah! du nouveau...

*(Il hésite.)*

MÉRIN PÈRE, *d'une voix lasse.*

Je suis bien fatigué ce soir. Je me fais trop vieux...

ANDRÉ

...Non, il n'y a rien de nouveau...

*(Un silence.)*

MÉRIN PÈRE

On se demande tout de même à quoi on est bon à soixante-quinze ans. Dès qu'on sort à la nuit, le froid vous pénètre.

ANDRÉ

Viens près du feu...

MÉRIN PÈRE

Non, ça ne me vaudrait rien, car je ne reste qu'un moment. Mon feu à moi m'attend... *(Blanche ouvre lentement la porte. Mérin père tourne la tête.)* Ah! bonjour, Blanche.

BLANCHE, *timidement.*

Je vous avais entendu.

*(Machinalement, elle va prendre un chapeau resté sur une chaise, au fond, et puis elle s'immobilise, debout, collée au buffet, regardant les deux hommes.)*

MÉRIN PÈRE

Ah! oui, André, on s'incruste dans sa coquille. Tu verras, plus tard, comme on est mal hors de chez soi... Mais, pauvre gars, c'est vrai, tu en a su quelque chose trop tôt, toi.

ANDRÉ

Oui.

MÉRIN PÈRE

Estimons-nous encore heureux, nous autres. Tu aurais pu ne pas revenir...

ANDRÉ

Oui.

MÉRIN PÈRE

Ah! qu'elle me serrait le cœur, l'idée que, peut-être, je ne verrais pas la fin de la guerre, et surtout que je ne verrais pas ton retour! Dieu merci, la guerre est finie et tu es revenu, et je suis encore là. Maintenant, je suis tranquille. Je peux m'en aller.

ANDRÉ

Tais-toi donc.

MÉRIN PÈRE

J'ai trop souffert et espéré, à un âge où, d'ordinaire, on n'attend plus rien, pour attendre encore quelque chose aujourd'hui. Nous étions pendant la guerre comme des cordes trop tendues. Maintenant, nous sommes un peu pantelants; moi, du moins. Car vous autres, qui êtes jeunes, c'est différent...

ANDRÉ

Oui.

MÉRIN PÈRE

Vois-tu, en te quittant, je vais rentrer, parce que je ne suis bien que chez moi. Mais crois-tu qu'il y fasse bon? Jusqu'à demain matin, je ne verrai personne...

ANDRÉ

Oui.

MÉRIN PÈRE

Ah! on ne profite jamais assez de sa jeunesse. Vivre à deux, ça ne devrait pas être une habitude, mais une ivresse de chaque instant. Car cela ne dure pas, hélas! L'un est condamné à mourir trop tôt et l'autre à vieillir seul. Mais j'ai trop aimé ta mère pour me plaindre. J'ai été le plus mal partagé. Cela vaut mieux.

ANDRÉ

Voyons, père...

MÉRIN PÈRE...

Vous autres, vous saurez mieux que nous jouir de votre bonheur, parce que vous avez connu trop jeunes la douleur de la solitude... Ah! Dieu! quelle existence pendant cette guerre! Imagines-tu ce qu'elle était pour ceux qui sont restés? Oh! je ne parle pas de moi. Je n'étais pas plus à plaindre qu'aujourd'hui, où mon foyer, quand j'y rentre, est toujours aussi vide... Mais les jeunes femmes, à l'âge où l'on doit être heureux... Tu ne peux pas savoir ce qu'a été la vie de Blanche pendant quatre ans.

ANDRÉ, *gêné.*

Si... Si...

MÉRIN PÈRE

Ce n'est pas dans la joie du retour qu'on se représente bien ces choses-là. A vrai dire, on ne se les représente jamais bien, pas plus toi que Blanche elle-même, qui, pourtant, les a vécues. Car les mauvais souvenirs meurent vite. Tout au plus, quand la nuit vient, réapparaissent-ils à la mémoire de vieux barbons comme moi, qui feraient peut-être mieux de se taire...

ANDRÉ, *d'une voix étranglée.*

Oh! pourquoi...

MÉRIN PÈRE

Tout de même, ce n'est pas toujours inutile de comparer ce qui fut triste avec ce qui est maintenant.

ANDRÉ, *comme à lui-même.*

Ce qui fut triste...

MÉRIN PÈRE, *le regardant.*

Souvent, à la tombée du jour, j'entrais ici. C'est peut-être cela qui m'a frappé quand je suis arrivé. La pièce avait le même éclairage incertain. Blanche était assise justement sur la chaise basse où tu es assis, tournée vers le feu, comme toi, et elle jouait avec les pincettes, comme tu fais maintenant.

ANDRÉ, *presque suppliant.*

Oh! père!...

MÉRIN PÈRE

Pauvre petite, elle t'attendait au coin de son feu. C'est ainsi qu'elle t'a attendu quatre ans.

ANDRÉ, *déchiré.*

Mais au moins elle avait l'espoir, elle!

MÉRIN PÈRE

Heureusement! sans lui de quoi aurait-elle vécu?

ANDRÉ

Ah! père, de grâce, assez!

MÉRIN PÈRE

Pardonne-moi, fiston. Je ferais mieux de garder ces réflexions pour moi. Mais ça ne signifie rien, ce que je t'ai dit. Maintenant que vous êtes réunis, oubliez les mauvais moments. Allons! je viendrai vous voir demain.

ANDRÉ, *angoissé.*

Oh! demain!...

MÉRIN PÈRE

Au revoir, mon gars... Au revoir, ma petite Blanche.

*(Il sort. Un long moment, André et Blanche restent immobiles, sans parler; André, accablé, les yeux fixés devant lui; Blanche effrayée, plaquée au buffet, la poitrine gonflée par l'émotion, les yeux fixés sur André.)*

BLANCHE, *à mi-voix, avec un grand effort.*

André!...

ANDRÉ, *dur, sans se retourner.*

Qu'est-ce qu'il y a?

BLANCHE, *essayant de se dominer.*

Pourquoi... pourquoi restes-tu dans l'obscurité? Je vais allumer.

ANDRÉ

Non, non, pas de lumière.

*(Blanche porte son regard tout autour d'elle, sur la cheminée, sur la fenêtre, sur chaque meuble de la pièce. Elle veut faire un pas, mais chancelle et se raccroche au coin du buffet. Alors elle porte ses mains en avant, les remue, comme pour toucher, palper chaque chose de loin. Et de nouveau elle regarde André et frémit.)*

BLANCHE, *angoissée.*

André, dis-moi...

ANDRÉ, *sans se retourner.*

Tais-toi donc maintenant.

BLANCHE

Ah! ne me parle pas ainsi... Je veux savoir ce que tu vas faire.

ANDRÉ

Que t'importe?

BLANCHE

Tu es dur. Je l'ai mérité. Mais je ne veux pas partir sans savoir ce que tu deviendras, comment tu vas vivre...

ANDRÉ

Par charité, épargne-moi ces questions. A quoi bon?

BLANCHE, *désemparée.*

Oh! cette pièce, ce feu, ces objets imprégnés de nous... *(Dans un cri.)* Ah! André!

ANDRÉ

Quoi?

BLANCHE

Tu vas donc vivre ici?

ANDRÉ

Blanche, je t'en prie...

BLANCHE

Tu vas rester dans cette maison? Tu vas revenir deux fois par jour t'enfermer seul entre ces murs?

ANDRÉ

Pourquoi me dis-tu cela?

BLANCHE

Tu resteras seul les soirs d'hiver qui n'en finissent pas?

ANDRÉ

Tais-toi, tais-toi.

BLANCHE

Tu passeras seul tes dimanches entre ces meubles qui nous ont vu réunis?

ANDRÉ, *cachant sa figure dans ses mains.*

Par pitié.

BLANCHE, *s'avançant vers lui, les mains jointes.*

Mais j'ai connu cela, moi! C'est atroce!

ANDRÉ

Blanche... Blanche...

BLANCHE, *tombant sur le fauteuil, à côté de lui, devant le feu.*

Ah! Comment veux-tu que je parte?

RIDEAU



*De cet ouvrage il a été tiré à part 25 exemplaires sur papier pur fil, numérotés et paraphés par les éditeurs.*

PARIS. TYP. PLON-NOURRIT ET Cie, 8, RUE GARANCIÈRE. — 27924.

# COLLECTION NOUVELLE DE LA FRANCE DRAMATIQUE

*Ont paru :*

**MADEMOISELLE PASCAL**, par MARTIAL-PIÉ[illegible]. Trois actes. .. .. .. .. .. .. .. 1.50

**LA DAME DE BRONZE ET LE MONSIEUR DE CRISTAL**, par H. DUVERNOIS. Un acte .. .. .. 1 »

**AIMER**, par Paul GÉRALDY. Trois actes. .. .. .. .. 1.50

**LE DÉBAT DE NICOLAZIC**, mystère en trois [illegible], par H. GHÉON. .. .. .. .. .. .. .. .. 1.50

**BEETHOVEN**, par René FAUCHOIS. Trois actes. .. .. 1.75

*Pour paraître incessamment :*

**LA FEMME FATALE**, par André BIRABEAU. Trois actes.

**L'HEURE DU BERGER**, par Édouard BOURDET. Trois actes.

**UNE SACRÉE PETITE BLONDE**, par P. WOLFF et A. BIRABEAU. Trois actes.

**PIERRE DUPONT**, par Lucien DESCAVES. Un acte.

**LE PACHA**, par René BENJAMIN. Deux actes.

**L'ILLUSIONNISTE**, par Sacha GUITRY. Trois actes.

**ATOUT... CŒUR**, par Félix GANDÉRA. Trois actes.

*Les meilleures productions du théâtre contemporain sous une forme élégante, à un prix très réduit. — Une lecture agréable, une collection qui fera prime, un choix d'excellentes pièces nouvelles à jouer au théâtre et en société.*

## LIBRAIRIE STOCK

**Delamain, Boutelleau et Cie, Libraires-Éditeurs. PARIS**

**[illegible], rue Saint-Honoré (place du Théâtre-Français), et 7, rue du Vieux-Colombier.**

PARIS. — TYP. PLON-NOURRIT ET Cie, 8, RUE GARANCIÈRE. — 27924.

www.ingramcontent.com/pod-product-compliance
Lightning Source LLC
LaVergne TN
LVHW010255230826
846091LV00007B/2975

* 9 7 8 2 3 2 9 1 7 4 1 2 9 *